도란도란 열두 달

도란도란 열두 달

초판 1쇄 발행일 2024년 1월 12일

지은이	비안초등학교 어린이
엮은이	김지은
발행인	한향희
발행처	도서출판 빨강머리앤
출판등록	제25100-2005-28호
주소	대구광역시 달서구 문화회관길 165, 대구출판산업지원센터 503호
전화	(053) 257-6754
팩스	(053) 257-6754
이메일	sjsj6754@naver.com
디자인	한향희

＊이 책은 저작권법에 따라 보호받는 저작물이므로 무단복제를 금합니다.
＊이 책 내용의 전부 또는 일부를 이용하려면 반드시 저작권자와 빨강머리 앤의
  서면 동의를 받아야 합니다.

도란도란 열두 달

비안초등학교 아이들

엮은이의 글

    자신의 부족한 부분을 파악하고, 부족한 부분을 어떻게 보완할까 끊임없이 성찰하는 것이 발전의 토대가 된다고 믿어 아이들에게 반성의 자세를 강조하던 적이 있습니다. 남아있는 물의 양을 보며 '이만큼이 비었네. 어떻게 하면 더 채울 수 있을까?'하며 물을 더 채울 수 있는 방법을 고민하고, 찾은 방법대로 실천하며 조금 더 채우는 사람이 되기를 바랐습니다. 부족한 부분을 직면하며 인정하는 것은 그 누구에게도 결코 쉬운 일은 아닙니다. 교사인 나도 그러했고, 나와 함께한 아이들도 마찬가지였습니다. 하지만 반성의 태도를 내면화하려고 노력한 아이들은 한 해 동안 스스로 많은 성장을 이루어 냈습니다. 실로 놀라운 일이었고, 동시에 기쁨이기도 했습니다.

    하지만 코로나19는 학교의 모습도, 아이들의 일상도 많이 바꾸어 놓았습니다. 그사이 아이들의 마음 건강에는 적신호가 켜졌습니다. '잃어버린 3년'이라고 표현할만큼 아이들은 코로나19 3년 동안 마스크와 스마트폰에 갇혀 온전한 일상을 살아내기란 불가능했습니다. 일상생활에 광범위하게 노출된 SNS로 인해 내가 가지지 못한 것에 집중하고, 상대적 박탈감을 쉽게 느끼게 되었습니다. 이제 아이들은 너무나 쉽게 스스로의 부족함을 찾습니다. 마치 스스로 부족함 투성이로 여기는 것처럼 보이기도 합니다. 가진 것이 참 많고, 그 자체로도 반짝반짝 빛나는 아이들인데도 말입니다.

　마음 회복이 중요해진 시점에서 비안초등학교의 2023년은 '감사하는 마음'과 '감사하는 마음을 표현하는 것'에 초점을 두기로 했습니다. 사소한 것일지라도 주변에서 감사한 일을 찾아 간단하게 쪽지를 쓰는 것부터 시작했습니다. 나에게 도움을 주는 대상을 찾아 감사 일기를 쓰고, 전교생이 모이는 아침조회에서 감사 일기를 발표하며 자신의 마음을 나누었습니다. 조금은 쑥스러워 보이기도 하지만 진솔하게 자신의 마음을 표현하며 조회 시간은 감사의 마음으로 점점 따뜻해졌습니다.

　한 해 살이를 마무리하는 시점에서 아이들의 감사일기를 엮어 책으로 만들며, 우리의 일 년을 돌아봅니다. 어떤 학생은 매년 떠나는 현장체험학습 일지라도 그날이 최고의 하루가 된 것을 감사하기도 하고, 어떤 학생은 더운 여름날 맛있는 비빔면을 해 주시는 엄마께 감사함을 느끼기도 합니다. 평범한 하루에서 특별함을 찾고, 충만한 기쁨을 누립니다.

　아이들의 글을 읽으면서 아이들은 어른들의 생각보다 훨씬 더 깊은 마음을 갖고 있다는 것을 알게 되었습니다. 표현할 기회를 찾지 못했을 뿐, 내가 감사할 일이 누군가의 배려와 희생으로 이루어지는 것을 아이들 스스로 깨닫고 있다는 것이 아이들의 글에 고스란히 나타납니다. 감사는 특별한 일이 아닙니다. 하지만 감사의 마음은 소소한 일상을 특별하게 만듭니다. 나의 현재가 부족하다고 느끼는 아이들이 있다면 소소한 일상에서 감사함을 느끼는 우리 아이들의 글을 보며 따뜻함을 함께 나눌 수 있으면 좋겠습니다. 그래서 감사로 가득한 긍정적인 일상을 함께 보낼 수 있으면 좋겠습니다.

감사함으로 가득한 하루를 보내는 우리 아이들의 따뜻한 마음에 감사하며
비안초등학교 교사 김지은

차 례

엮은이의 글

3월 감사 일기

전교학생회장에 당선된 날_ 신윤재(6학년) • 12
반장 선거를 한 날_ 김리안(3학년) • 14
목재체험과 전국노래자랑_ 김민경(1학년) • 16
메이커 교육관_ 이도예(3학년) • 18
나의 애착인형_ 배서진(4학년) • 20

4월 감사 일기

고마운 친구_ 정다은(3학년) • 24
대구과학관과 홈플러스_ 황효주(1학년) • 26
대구 현장체험학습_ 이도예(3학년) • 28
마트에서 생긴 일_ 유은채(4학년) • 30
내 생일_ 신예율(2학년) • 32
마술쇼_ 신예율(2학년) • 33
농사 짓기_ 김세현(3학년) • 34
군위시장 간 날_ 이도희(3학년) • 36

끔찍한 하루_ 하지혜(3학년) • 38
베트남 여행_ 신윤재(6학년) • 40

5월 감사 일기

카네이션 바구니_ 박주한(3학년) • 44
선생님 카네이션 접기_ 이도희(3학년) • 46
우리 가족_ 김수현(1학년) • 48
휴대폰_ 이미래(1학년) • 49
우리 형과 함께하는 게임_ 이재영(1학년) • 50
키즈카페_ 조수현(2학년) • 51
텐트_ 신윤주(4학년) • 52

6월 감사 일기

에버랜드와 캐리비안베이_ 박소현(1학년) • 56
에버랜드와 캐리비안베이_ 박시윤(1학년) • 57
워터파크_ 이재영(1학년) • 58
에버랜드 워터파크_ 류혜원(2학년) • 59
즐거운 에버랜드_ 은하윤(5학년) • 60
에버랜드에서 있었던 일_ 김지애(5학년) • 62
에버랜드_ 신예윤(5학년) • 64
생존 수영_ 하지혜(3학년) • 66
행복한 주말_ 정다은(3학년) • 68
영화를 본 날_ 신민재(4학년) • 70

육상대회_ 이태훈(5학년) • 72
선생님과의 마지막 날_ 배서진(4학년) • 74

7월 감사 일기

엄마가 해준 비빔면_ 김수현(1학년) • 78
하트 바구니_ 신예주(2학년) • 79
맛있는 수박화채_ 신예주(2학년) • 80
수영_ 정예원(1학년) • 81
하윤이 언니랑 다이소 간 날_ 김리안(3학년) • 82
수영장 설치_ 박지한(3학년) • 84

8월 감사 일기

오락실_ 백하준(1학년) • 88
피구_ 류혜원(2학년) • 89
수박화채_ 이승원(3학년) • 90
물탱크_ 이태훈(5학년) • 92
지성이와 함께_ 신민재(4학년) • 94
베트남 여행_ 신윤주(4학년) • 96
아빠의 수제 떡볶이_ 유은채(4학년) • 98
즐거운 여름방학_ 김민성(5학년) • 100
17마리 고양이와 함께해서 더 행복한 하루_ 박민지(4학년) • 102
우리 선생님_ 박지한(3학년) • 104
즐거운 여름방학_ 박도완(4학년) • 106

9월 감사 일기

축구_ 백하준(1학년) • 110

추석_ 이미래(1학년) • 112

입양_ 황효주(1학년) • 113

탕후루 만든 날_ 김세현(3학년) • 114

도서관 직원 아저씨_ 박주한(3학년) • 116

아빠의 치킨_ 신예윤(5학년) • 118

착한 우리 큰아빠_ 은하정(2학년) • 119

랜덤 박스_ 박민지(4학년) • 120

10월 감사 일기

운동회_ 김민경(1학년) • 124

운동회 날_ 박시윤(1학년) • 126

타작_ 박소현(1학년) • 127

엄마, 아빠와 함께하는 운동회_ 박도완(4학년) • 128

운동회와 떡볶이_ 은하윤(5학년) • 130

드디어 운동회!_ 김민성(5학년) • 132

보름달_ 정예원(1학년) • 134

감사한 우리 반 선생님_ 은하정(2학년) • 135

이월드_ 이승원(3학년) • 136

친절하신 우리 선생님_ 조수현(2학년) • 138

아빠가 사오신 피자_ 배서진(4학년) • 139

3월 감사 일기

전교학생회장에 당선된 날

신윤재 (6학년)

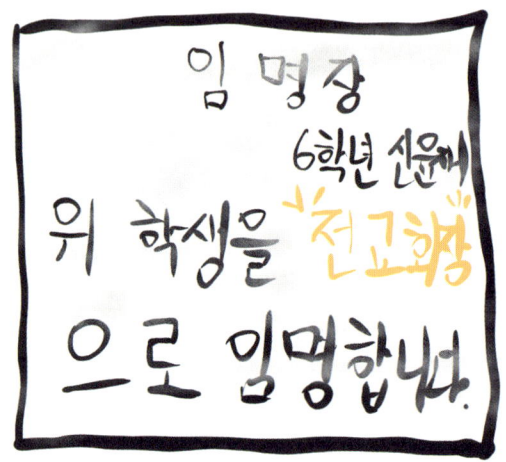

오늘은 정말로 감사한 하루였다. 내가 비안초등학교 전교학생회장이 되었다. 후보가 없어 무투표로 당선되었지만, 큰 감동과 함께 감사함이 가득 차올랐다. 앞으로 전교회장으로써 책임감을 지니고 열심히 일하면서 동생들의 기대에 부응할 수 있도록 최선을 다해야겠다는 다짐이 생겼다.

나의 바람은 비안초등학교 학생 모두가 함께 웃을 수 있는 학교를 만드는 것이다. 함께 웃을 수 있는 학교는 만들기 쉬워보이지만 모두의 노력이 필요한 일이다. 모두가 함께 힘을 합쳐 주변에 소외받은 친구는 없는지, 상처받은 친구는 없는지 살펴봐줬으면 좋겠다. 비안초등학교 모두가 힘낸다면 반드시 행복이 넘치는 학교가 될 것이다.

  동생들을 위해 회의도 하고 일도 열심히 할 것이다. 다양한 의견을 공유하면서 서로의 생각을 존중하고 협력하여 좋은 결정을 내려볼 것이다. 나에게 전교학생회장이라는 소중한 경험을 할 수 있는 기회가 온 것에 대해 다시 한 번 감사하고, 나의 소중한 동생들을 위해 귀를 기울일 것을 스스로 약속해본다.

반장 선거를 한 날

김리안 (3학년)

오늘은 반장, 부반장 선거를 하는 날이다. 어제 저녁부터 너무 떨려서 잠이 잘 오지 않았다. 그래서 늦잠을 잘 뻔 했는데 엄마께서 깨워주셨다. 그래서 엄마께 너무 감사하였다. 그리고 아침에 맛있는 계란 후

라이와 밥을 엄마께서 준비해주셔서 너무 감사하였다. 그 다음 학교에 가서 열심히 국어와 수학 공부를 하고 3교시가 되었다. 학급 임원 선거가 시삭되었다. 열심히 준비 해온 공약을 친구들 앞에서 말하였다. "사람이 모두 완벽할 순 없어서 제가 2%를 채울 수 있도록 노력하겠습니다!" 공약 발표가 모두 끝나고 투표가 시작 되었다. 이제는 3번째 나가는 반장 선거여서 그런지 처음처럼 엄청 떨리지는 않았다. 드디어 확인하는 시간이 되었다. OOO 1표, OOO 1표 ,,, 두근두근 떨렸다. 내가 드디어 4표! 4표를 얻었다. 마지막! 5표! "리안아 축하해~" "대박~" 친구들이 모두들 축하를 해주었다. 다른 반 선생님들도 모두 나를 축하해주셨다. "리안아, 드디어 반장이 되었구나. 축하해!" 나를 믿고 뽑아주고 같이 축하해준 친구들이 모두 고마웠다. 그리고 기쁘게 축하해주신 선생님들께 감사하였다. 당연히 이번에도 안 될 줄 알았는데 노력을 하면 안 되는 것 없다. 너무 좋았다. 그리고 집에 돌아와서도 가족들이 나를 자랑스러워했다. "리안아, 축하해~~ 너무 잘했어~" 엄마가 말씀해주셔서 기분이 너무 좋았다. 그래서 가족들이 너무 감사했다. 오늘은 참 감사하고 고마운 날이다.

목재체험과 전국노래자랑

김민경 (1학년)

학교에서 구미로 목재체험을 하러 갔다. 거기서 한 목재체험이 진짜 재밌었다. 왜냐면 내가 직접 만들었기 때문이다. 풀 같이 끈적거리는 걸로 나무 조립을 해서 여러 가지를 만들었다. 나는 나무 조각이랑 솔방울로 잠자리도 만들고 무당벌레도 만들었다. 효주랑 옆에서 같이 만들어서 더 좋았다. 나무 조각으로 처음 만들어봐서 신기하고 재밌었다. 어떻게 만드는지 알려주신 선생님한테도 고마웠다. 내가 민든 나무 서랍은 집에서 물건을 담아놓는 통으로 아주 잘 쓰고 있다. 그 다음에는 바로바로 전국노래자랑을 보러갔다. 사람들이 엄청 많이 왔다. 전국노래자랑에서 나오는 노래가 너무 웃겼었다. 선생님 모두 웃었다. 하루종일 재미있어서 또 목재체험이랑 전국노래자랑에 가고 싶다. 너무 재미있는 하루를 보내서 감사했다.

메이커 교육관

이도예 (3학년)

오늘은 학교 현장체험학습을 가는 날이었다. 날씨도 맑아서 기분이 좋았다. 구미에 있는 메이커 교육관에 갔다. 3D 필라멘트로 만들기를 하였다. 처음에 설명을 들을 때는 이해가 잘 되지 않고 어려울 것 같았

다. 하지만 직접 선생님을 따라 해보고 만들어보니 재미있었다. 3D 프린터는 오늘 처음 보았는데 신기하고 우리 집에 있는 3D펜이 생각이 났다. 그리고 학교에서 점심으로 사준 치킨 마요 컵밥을 점심으로 먹었다. 집에 계신 할머니께 드리기 위해 소스를 안 뿌리고 챙겼다. 방학 때 컵밥을 먹을 때 소스를 챙겨가면 살림꾼이라고 칭찬해주셨던 할머니가 생각났기 때문이다. 그리고 간식으로 킨더조이도 먹었다. 맛있는 점심과 간식을 준비해주신 학교와 선생님들께 감사했다. 점심을 다 먹은 후, 주변에 전국 노래 자랑 녹화를 하고 있어서 가서 구경을 하였다. 티비에서 보았던 전국 노래자랑을 직접 보니 신기했다. 트로트 가수의 팬들에게 풍선도 받아서 기분이 좋았다. 그리고 메이커 교육관에 다시 돌아와서 점심시간 전에 만들던 것을 이어서 완성하였다. 작품의 이름은 맹그리 전등이다. 이름이 맹그리인 이유는 메이커 교육관 캐릭터의 이름이 맹그리 이기 때문이다. 열심히 가르쳐주신 메이커 교육관 선생님, 감사합니다~ 그리고 집에 돌아와서 엄마에게 내가 만든 맹그리 전등을 자랑하였다. "도예야, 잘했어~" 엄마께 칭찬을 들어서 기분이 좋았고 칭찬을 해주셔서 감사했다.

나의 애착인형

배서진 (4학년)

저의 애착인형을 소개합니다.

저의 애착인형은 애벌레를 닮았어요. 이름은 루니고, 보들보들해서 만지면 기분이 좋아져요. 세 살때부터 저의 곁에 늘 있었어요. 제가 학교에 간 사이에는 제 방 침대에서 저를 기다린답니다. 속상한 일, 화나는 일이 있어도 나의 모든 고민을 들어주는 애착인형 루니 덕분에 슬프고 화나는 일이 깨끗하게 사라져서 저는 루니에게 늘 감사한답니다.

새 학년이 되어 떨리는 마음도, 걱정되는 마음도 루니에게 터놓으면 언제 그랬냐는 듯 마음이 평온해져요.

루니야, 나와 함께해줘서 정말 고마워. 앞으로도 널 아껴줄게.

4월 감사 일기

고마운 친구

정다은 (3학년)

　오늘 체육 시간에 피구를 했다. 공을 쏙쏙 피하는 게 무섭기도 하고 재미있기도 했다. 그런데 날아오는 공을 피해 뛰다가 윤재 오빠와 발이 걸려 넘어졌다. 넘어지면서 팔꿈치를 다쳤다. 내가 넘어졌을 때 지혜가 달려와서 도와주었다. "다은아, 괜찮아?" 지혜가 걱정을 해주었다. 지혜가 달려와서 걱정도 해주고 넘어진 날 일으켜 주어서 너무 고마웠다. 그리고 지혜가 자신의 모자를 내 피부를 타지 않게 해주려고 하였다. "다은아, 모자 쓸래? 피부가 타겠다." 지혜가 오늘 정말 날 잘 챙겨주어서 고마웠다. 지혜는 정말 고마운 친구이다. 나도 나중에 지혜가 내 도움이 필요할 때 꼭 도와주고 싶다.

대구과학관과 홈플러스

황효주 (1학년)

오늘은 과학관이랑 홈플러스로 체험학습을 갔다. 과학관은 신기한 게 많아서 구경할게 많았다. 물고기도 보고 닥터피쉬도 만져봤다. 느낌이 너무 간지러웠다. 그리고 태풍체험을 했는데 진짜 날아갈 것 같았다. 로봇들이 춤추는 것도 보았는데 엄청 재미있었다. 친구들이랑 뛰어서 전기를 만드는 것도 있었는데 엄청 힘들었지만 재밌었다. 만약에 엄마가 와서 뛰면 한 번에 다 채울 수 있었을 텐데. 과학관이 재미있어서 한 번 더 가고 싶다. 그리고 홈플러스에 갔다. 칭찬스티커를 모아서 돈을 번걸로 심부름 재료랑 내가 사고 싶은 것을 살 수 있었다. 엄마 심부름으로는 감자를 샀고 내가 사고 싶은 것을 샀다. 다른 것을 사니까 돈이 부족해서 슬라임을 사고 싶었는데 못 샀다. 돈이 딱 맞을 거라고 생각했는데 감자가 비싸서 아쉬웠다. 대신에 뽕망치 비눗방울을 샀다. 내가 사간 감자로 엄마가 집에서 감자튀김 같은 거를 해주셨는데 맛있었다. 맛있게 만들어준 엄마한테 고마웠다.

대구 현장체험학습

이도예 (3학년)

 오늘은 기다리고 기다리던 현장체험학습을 가는 날이다.~오~예~ 그런데 엄마가 체험학습을 가는 날이라고 아침에 조금 더 잘 수 있도록 해주셨다. 엄마에게 너무 감사했다. 엄마가 태워주셔서 학교에 늦지 않게 도착할 수 있었다. 오늘은 우리반 엄마들이 맞춰주신 예쁜 반티도 입었다. (선생님도 포함) 우리까지 도착하고 대구로 출발하였다. 그런데 관광 버스 의자가 너무 좋았다~ 도희는 주한이, 나는 지혜를 앉았다. 나랑 같이 앉은 지혜에게 고마워서 사탕도 주었다. 지혜랑 재

미있게 얘기를 하면서 놀다 보니 대구 과학관에 도착하였다. 선생님이 주신 문제가 있는 학습지를 들고 다니면서 과학관을 살펴 보았다. 문제를 끝까지 풀지는 못 했지만 엄~청 재미있었다. 재미있는 학습지와 함께 과학관을 볼 수 있도록 준비해주신 학교 선생님들, 감사합니다~ 그리고 점심을 먹고 과학관 앞에 있는 놀이터에서 놀았다. 친구들과 함께 뛰어다니면서 놀았다. 재미있는 놀이터에서 친구들과 뛰어노니 더 재미있는 기분이었다. 맛있는 밥도 먹고 간식도 주셨다. 재미있는 체험학습 준비해주셔서 감사했다. 버스를 타고 홈플러스에 갔다. 가서 우리반은 여자는 여자끼리, 남자는 남자끼리 카트를 끌면서 물건을 사러 갔다. 우리반 친구들끼리 같은 반티를 입고 다니니 친구들을 더 찾기가 쉽고 재미있었다. 예쁜 반티를 맞춰준 우리반 엄마들에게 감사했다. 나는 할머니, 할아버지, 꼬모 심부름이 많았다. 꼬모랑 할머니, 할아버지는 나를 항상 사랑해주기 때문에 감사해서 물건을 열심히 골랐다. 꼬모는 검정색 양말, 할머니는 흰색 양말, 할아버지는 단팥빵을 사드렸고, 나는 엔젤 슬라임, 시나몬 홀로그램 스티커를 샀다. 내가 직접 돈을 생각하면서 할머니 할아버지, 꼬모 선물도 사드리고 내 물건도 사니 재미있고 즐거웠다. 내 주변에는 정말 감사한 사람들이 많은 것 같다.

마트에서 생긴 일

유은채 (4학년)

봄 현장체험학습으로 과학관, 홈플러스를 갔다. 홈플러스에서는 사고 싶은 물건을 살 수 있는 시간도 있고, 홈플러스에서 쓸 수 있는 상품권도 준다고 하셔서 기대가 되었다. 우리 반은 발표 세 번을 할 때마다 1,000원 포인트를 받는 것으로 정해서 한동안 친구들이 발표를 하느라 쉴 새 없이 손을 들었었다. 나는 발표를 많이 하지 않아서 만 원만 받을 수 있었다. 아쉽기도 하고, 사고 싶은 물건을 못 살까봐 걱정이 되기도 했다.

과학관에서 체험을 마치고 드디어 홈플러스에 도착했다. 그런데 만 원으로 살 수 있는 것이 많지 않았다. 장보기 미션으로 할머니께서 사 오라고 하신 라면을 사야 했기에 내가 쓸 수 있는 돈이 얼마 없었다. 카트를 끌며 빙빙 돌기만 했다. 내가 안쓰러웠는지 같은 조 친구인 윤주, 민재가 나에게

"우리는 돈이 많이 남아서 네가 사고 싶은 걸로 사줄게."라고 해주었다.

"고마워!" 나는 기뻐서 외쳤다. 그리고 먹고 싶었던 간식을 마구마구 담았다. 계산을 하고 담으려니 장바구니가 2개나 필요할 정도였다. 너무나 기분이 좋았다.

친구들 덕분에 맛있는 간식을 많이 살 수 있었다. 민재와 윤주는 정말 좋은 친구다.

내 생일

신예율 (2학년)

4월 7일은 기다리고 기다리던 나의 생일이다!!! 내 생일 기념으로 학교에서 생일 파티를 했다. 선생님께서 예쁜 고깔모자를 주셔서 나는 고깔모자를 쓰고 있었다.

"생일 축하합니다~ 사랑하는 신예율, 생일 축하합니다~"

다 같이 생일 축하 노래도 부르고 사진도 찍었다. 선생님께서 생일 축하 손 편지와 내 사진, 선물을 주셨다. 친구들도 간식과 선물을 주었다. 생일 선물을 받아서 너무 좋았고 선생님과 친구들에게 고마웠다.

나를 위해 이렇게 편지와 선물을 준비해주는 친구들과 선생님이 있어서 정말 행복하다. 내 생일을 축하해주는 사람들이 이렇게 많다니!!! 나는 행운아인가보다^^

마술쇼

신예율 (2학년)

　학교에서 부모님들과 함께 마술쇼를 보러 만세 센터에 갔다. 마술쇼를 시작하기 전에 친구가 옆에 있었는데 마술사 아저씨가 다가와서 친구가 가지고 있던 걸로 마술을 보여줬다. 물건이 사라졌다가 다른 곳에서 나타나는 마술이었다. 친구가 "우와~ 신기하다!"라고 말했다. 나도 너무 신기했다.

　그리고 드디어 마술을 시작했다. 유리구슬을 가지고 하는 마술, 풍선을 가지고 하는 마술, 빛을 가지고 하는 마술 등 여러 가지 마술을 봤다. 나는 그중에서 코에 풍선을 올리는 마술이 제일 신기했다. 이렇게 신기한 마술을 볼 수 있어서 즐거웠고 감사한 하루였다.

농사 짓기

김세현 (3학년)

　오늘은 비가 올 것처럼 조금 흐린 날이었다. 엄마랑 아빠가 고추 심을 밭을 만드는 날이라고 하셨다. 아빠는 관리기로 골을 만들고 엄마는 포크 같이 생긴 도구로 흙을 편평하게 만드는 일을 했다. 나는 엄마, 아빠가 잘 보이는 곳에서 구경을 했다. "흙 묻으니까 가있으렴 세현아" 하지만 나는 들어가지 않고 계속 구경을 하였다. 집에만 있으면 심심하기 때문이다. 엄마 아빠께서 내가 비닐하우스에서 구경을 할 수 있도록 해주셔서 감사했다. 시간이 조금 지나고 아는 삼촌이 오셨다. 삼촌은 우리 외삼촌 친구이다. "안녕하세요" 인사도 했다. 삼촌이 엄마가 힘드시다고 도와주러 오셨다. 나는 옆에서 구경하다가 나도 한번 해보고 싶어 삼촌께 여쭈어 보았다. " 삼촌, 저도 한번 해보면 안되요?" 그랬더니 삼촌께서 허락해주셨다. 삼촌이 나도 직접 해보게 해주셔서 감사하였다. 삼촌이 땅을 가는 것을 가르쳐주셨는데 생각보다 잘 되지 않았다. 고생하시는 엄마, 아빠, 삼촌을 위하여 커피를 탔다. "세현아, 고마워~" 나에게 고맙다고 하셨다. "힘드신데 열심히 농사도 지어주시고 감사합니다." 나도 감사하다고 말씀드렸다. 나도 얼른 커서 열심히 엄마, 아빠를 도와드리고 싶다.

군위시장 간 날

이도희 (3학년)

　오늘은 군위시장에 갔다. 가서 일단 가서 아빠 반찬을 사고 통닭을 사고 참외를 사고 짐을 놓고 내가 좋아하는 호떡을 먹으러 갔다. 아쉽게도 점심시간이어서 엄마와 아빠와 함께 차 세차도 하고 주유도 하였다. 그 때 엄마가 하신 말씀이 나에게 너무 슬픈 말이었다. "도희야 호떡은 다음 번에 왔을 때 먹고 오늘은 다른 거 먹을까?" 그 말을 듣고 순간 눈물이 나왔다. 그래서 다시 먹으러 갔는데 역시 정말 맛있었다. 엄마, 아빠 제가 좋아하는 호떡을 먹을 수 있도록 해주셔서 감사합니

다. 집에 와서 시장에서 사온 맛있는 음식들을 맛있게 먹었다. 그리고 의성 작은 영화관으로 출발했다. 영화관에서 리바운드라는 영화를 봤다. 엄마가 카라멜 팝콘을 사주셔서 맛있게 먹었다. 너무 맛있어서 도예랑 한 통을 다 먹었다. 영화 티켓을 사주시고 팝콘을 사주셔서 감사합니다~ 엄마~ 리바운드를 보고 느낀 점은 생각보다 재밌었고 선수가 6명 밖에 없는데 부상 선수가 2명이 있어서 슬프기도 하였다. 그런데도 준결승까지 진출을 해서 놀랍고 대단하였다. 그런데 이 리바운드라는 영화가 실제 있었던 이야기라는 것을 듣고 너무 놀랐다. 오늘은 군위 시장도 다녀오고 영화도 보고 바빴던 하루이다. 항상 엄마와 아빠가 나를 위해 주셔서 너무 감사하다.

끔찍한 하루

하지혜 (3학년)

오늘은 의성에 비가 많이 오고 바람이 윙윙 많이 불었다. 밤이 되니 더 무서워졌다. 요즘 서울에는 호텔에 불이 나기도 하고 다른 지역에는 불이 번져서 산불이 많이 난다고 한다. 뉴스를 보면서 끔찍하고 마음이 너무 아팠다. 아빠가 봄에는 날씨가 건조하고 바람이 많이 불어서 불이 잘 난다고 하셨다. 오늘은 비가 많이 와서 불이 안 났겠지만 요즘 다른 지역에 불이 나는 모습을 보니깐 무섭고 끔찍하다. 불이 나면 어떻게 해야하지? 학교에서 배웠던 것처럼 내가 잘 할 수 있을지 걱정도 되었다. 그리고 내 소중한 친구들, 가족들이 다치게 되면 너무 슬프고 무서울 것 같다. 어떻게 불이 나게 되었을까? 사람들은 얼마나 슬프고 무서울까? 오늘 비가 똑똑똑똑 많이 내렸지만 평소처럼 학교에서 공부하고 방과후 수업을 듣고 친구들과 놀고 맛있는 밥을 먹었던 하루가 너무 감사하다.

베트남 여행

신윤재 (6학년)

베트남으로 호치민으로 여행을 갔다. 어머니와 함께 가는 여행이라 더 신났고, 너무 설레서 잠을 잘 이룰 수 없었다. 공항에서 비행기를 기다리는 동안 조금 힘들었지만 베트남으로 간다는 생각에 감사한 마음을 가지기로 했다. 비행기에서 빵이랑 밥이랑 고기를 먹었다. 빵에 버터를 발라먹는게 맛있었다.

베트남에 도착해서 집으로 바로 갔다. 이모가 와서 차로 우리를 데려갔다. 가서 씻고 잠도 자고 했다. 간만에 오니 역시 기분이 새로웠다.

거기서 라면을 믹었는데 역시 나는 라면과 떨어질 수 없는 몸이라는 생각이 들었다. 왜냐하면 너무 맛있어서 계속 먹었기 때문이다. 이렇게 맛있는 라면을 먹을 수 있는 것에 감사한다.

수영장도 갔는데 사람이 생각보다 많이 없었다. 쾌적한 환경에서 놀 수 있다는 생각에 기분이 좋아졌다. 사촌들과 함께 수영도 하고 물놀이도 하면서 같이 노니까 정말 기분이 날아갈 것 같았다. 또 수영장에 가고 싶다는 생각이 계속 들었다. 이번 여행에서 가장 감사한 것 들 중 하나다. 너무 재밌었다.

이번 여행은 우여곡절도 많았지만, 나의 인생에서 감사한 일들을 많이 만들어준 여행이었다. 다음에도 또 이런 기회가 있으면 좋겠다.

5월
감사 일기

카네이션 바구니

박주한 (3학년)

학교에서 어버이날을 위해 카네이션 바구니를 만들었다. 바구니 안에는 플로랄폼이 있었다. 플로랄폼은 물을 잔뜩 먹은 초록색 스펀지이다. 여기에 꽃을 적당한 길이로 잘라 내가 꽂고 싶은 곳에 꽃을 꽂으면 예쁜 꽃바구니가 완성된다. 살짝 만져보니 느낌이 손가락이 쑤우욱~! 들어갔다. 선생님께서 주신 꽃들로 예쁜 꽃바구니를 만들기 위해 열심히 꽂았다. 커다랗고 빨간 카네이션도 예쁘게 꽂고 그 주변에 다른 꽃들도 꽂았다. 그리고 잎들이 달린 줄기들로 빈 공간을 채우면서 더 예쁘고 풍성해보일 수 있도록 꾸몄다. 그런데도 내 꽃바구니는 조금 아쉬웠다. 하지만 선생님께서 꽃을 더 주셨다. 그래서 다시 기분 좋게 꽃 바구니를 꾸밀 수 있었다. 다 만들고 나니 내 꽃바구니가 너무 마음에 들었다. 그리고 이 꽃바구니를 받고 기뻐하실 엄마와 아빠를 떠올리니 빨리 집에 가져가서 보여드리고 싶었다. 어버이날을 맞아서 나의 감사하는 마음이 듬뿍 담긴 이 꽃바구니를 보시면 행복하시겠지? 기분이 좋았다. 동생 루나, 루이가 만지진 않을지 걱정도 조금 되었다. 이 꽃바구니를 예쁘게 만들 수 있도록 지도해주신 강사 선생님께 감사했다.

선생님 카네이션 접기

이도희 (3학년)

오늘은 선생님의 카네이션을 접었다. 색깔은 초록, 빨강이었다. 유튜브 '종이쌤' 영상을 보면서 예쁜 카네이션을 완성하였다. 처음에는 색종이를 연속으로 계속 접어야 해서 좀 귀찮기도 하고 어려웠다. 하지만 내가 만든 카네이션을 보니 너무 예뻐서 기분이 좋아졌다. 그리고 카네이션을 받고 좋아할 우리반 선생님을 떠올리며 열심히 접을 수 있었다. 그런데 내가 색종이를 가져왔는데 도예가 허락도 맡지 않고 색종이를 썼다. 기분이 너무 안 좋았다. 도예한테 벌을 내릴 것이다. 그래도 내가 어려워할 때 도예가 도와줘서 고마웠다. 그리고 내가 좋

아하는 초코 과자 빈츠를 먹고, 엄마가 내가 좋아하는 조기를 해주셨다. 나중에 또 먹어야지 그리고 엄마가 내가 만든 카네이션이 너무 예쁘다고 칭찬해 주셨다. 맛있는 조기를 해주시고 칭찬해주셔서 엄마에게 감사드렸다. "우와~ 도희가 만든 카네이션 정말 예쁘다. 선생님이 좋아하시겠다." 칭찬을 들으니 기분이 좋았다. 다른 선생님 드릴 카네이션도 접었다. 빨리 내일이 되면 좋겠다. 빨리 카네이션을 드리고 싶다. 내일이 너무너무 기대 된~다. 그동안 감사했던 선생님들을 떠올리며 카네이션을 접어서 더 뿌듯했다.

우리 가족

김수현 (1학년)

우리 가족은 엄마, 아빠, 할머니, 언니, 오빠, 나 이렇게 6명이다. 나는 우리 가족한테 고마운 게 많다. 엄마는 비빔면을 해줄 때 제일 좋다. 엄마가 매일 아침마다 머리를 예쁘게 묶어주고 예쁜 옷을 사줘서 고맙다. 그리고 나랑 병원놀이를 같이 해줘서 고맙다. 아빠는 나에게 맛있는 과자를 잘 사주신다. 빼빼로랑 새우깡을 제일 좋아하는데 아빠가 사줘서 고맙다. 아빠랑은 소꿉놀이를 같이 할 때 재미있다. 그리고 아빠랑 언니, 오빠를 데리러 갈 때 기분이 좋다. 언니랑 오빠는 나랑 병원놀이, 소꿉놀이, 인형놀이를 같이 해줘서 고맙다. 같이 운동기구를 타러가는 것도 재미있다. 우리 가족에게 "사랑해요, 저랑 같이 놀아주셔서 감사합니다."라고 말하고 싶다.

휴대폰

이미래 (1학년)

　나는 내가 가지고 있는 물건 중에 휴대폰이 제일 좋고 제일 고맙다. 왜냐하면 휴대폰으로 틱톡도 할 수 있고 유튜브도 할 수 있고 게임도 설치할 수 있기 때문이다. 나는 그 중에 휴대폰으로 틱톡을 하는 게 제일 좋다. 웃기고 재미있는 다른 사람들 동영상을 볼 수 있어서 재미있다. 유튜브에서는 노래를 들을 수 있다. 나는 '썸머'라는 노래를 제일 많이 듣는다. 처음에 들었을 때 감미롭고 좋아서 계속 듣게 되었다. 그리고 휴대폰 게임으로는 로블록스를 좋아한다. 게임 할 때 점프하고 놀 때가 제일 재미있다. 무서운 것도 있지만 괜찮다. 아빠가 이렇게 재미있는 것을 많이 할 수 있는 휴대폰을 사주셔서 감사하다.
나를 재밌게 해주는 휴대폰이 너무너무 좋고 고맙다.

우리 형과 함께하는 게임

이재영 (1학년)

나는 게임을 좋아한다. 아침에 블레이드 게임을 제일 많이 한다. 그 게임을 하면 내가 계속 이기니까 기분이 좋다. 그리고 승원이형이랑 같이하면 더 재밌다. 그런데 색깔이 달라서 같은 팀일 때는 잘 없다. 그래서 아쉽다. 같이 협동해서 하면 더 재밌는데... 형이랑 다른 팀일 때는 짜증나기도 하지만 재밌다. 승원이 형이 나랑 게임을 같이 해줘서 고맙다. 형한테 고맙다고 말한 적은 없지만 마음 속으로는 고맙다고 생각하고 있다. 형이랑 앞으로도 게임을 계속하고 싶다.

키즈카페

조수현 (2학년)

오늘은 어린이날! 나의 날이다. 어린이날을 맞이해서 친구들과 의성 키즈카페에서 모여서 놀았다. 리안이 언니, 민성이 오빠, 세현이 오빠, 세은이 그리고 하정이네와 만났다. 같이 짚라인도 타고 번지점프도 하고 여러 가지 재미있는 놀이기구를 탔다. 라면도 먹고 아이스크림도 먹었다.

재미있게 놀고 맛있는 것도 먹을 수 있어서 정말 좋았다. 내가 어린이라서 어린이날에 재미있게 놀 수 있다는 사실이 감사하다. 그리고 나를 위해 키즈카페에서 놀 수 있도록 해주신 부모님께도 감사하다!

참고로 키즈카페에서 제일 재미있는 놀이기구는 짚라인과 번지점프이다.
"짚라인 더 타야지~~"

텐트

신윤주 (4학년)

하늘이 맑은 어느 날이었다. 5월이 되니 날이 점점 더워지는 것 같기도 하고, 밖에서 놀기 딱 좋은 날씨였다. 학교 수업을 마치고 집으로 돌아왔는데 텐트에서 놀고 싶은 생각이 들었다. 그래서 아빠한테 말했다.
"아빠, 마당에 텐트 쳐주면 안 돼?"

"그래, 알겠어." 아빠는 흔쾌히 텐트를 쳐준다고 하셨다. 아빠가 데크에 텐트를 치고 있을 때 나는 민재, 예주랑 마당에서 놀았다. 잠시 후 아빠가 텐트를 다 쳤다며 우리를 부르셨다. 텐트를 보니 너무 신났다. 민재와 예주와 나는 인형을 텐트로 갖고 가서 놀았다. 텐트에서 잠도 자고 싶었는데 내일 학교에 가는 날이라 잠은 방으로 들어가서 잤다. 아빠가 텐트를 쳐주신 덕분에 즐겁게 놀 수 있었다.

6월 감사 일기

에버랜드와 캐리비안베이

박소현 (1학년)

나는 한 번도 놀이공원에 가본 적이 없었다. 그런데 학교에서 놀이공원이랑 워터파크에 간다고 해서 기대됐다. 에버랜드에 가는 게 설레서 잠을 별로 못 잤다. 워터파크에서는 물놀이랑 수영을 했다. 파도가 오는 것도 재미있고 잠수하는 것도 재미있었다. 워터슬라이드도 탔는데 처음에는 조금 무서웠다. 그런데 타고 나니까 괜찮고 재미있었다. 에버랜드에 가서는 수현이, 예원이랑 코끼리 놀이기구를 탔다. 놀이공원에서 탄 것 중에 그게 제일 좋았다. 에버랜드 동물원에서는 푸바오를 보러 갔는데 너무 귀여웠다. 사파리 버스에서 본 사자랑 호랑이는 조금 무서웠다. 그래도 동물들을 많이 봐서 좋았다. 놀이공원이랑 워터파크에서 엄청 재미있는 시간을 보내서 감사했다.

에버랜드와 캐리비안베이

박시윤 (1학년)

나는 3시간 30분을 달려 에버랜드에 갔다. 캐리비안베이에서는 파도풀이 너무 재미있었다. 파도가 내려오는 게 너무 신났다. 깊은 곳에 갔을 땐 조금 무서웠다. 워터슬라이드를 탄 것도 재미있었다. 그리고 그 날 저녁에는 에버랜드에서 불꽃놀이를 봤다. 펑펑팡팡해서 아주 멋졌다. 다음날에는 사파리도 갔는데 거기서 본 동물들이 다 귀여웠다. 에버랜드에서 솜사탕을 꼭 먹고 싶었는데 하정이 언니가 같이 사먹어 줘서 고마웠다. 달콤하고 맛있었다. 에버랜드에서 회전목마, 바이킹이랑 비슷하게 생긴 놀이기구, 또 다른 재밌는 놀이기구를 타서 엄청 재미있었다. 놀이기구를 준비한 사람들에게 너무 감사했다. 다음에 또 친구들이랑 같이 에버랜드랑 캐리비안베이에 오고 싶다.

워터파크

이재영 (1학년)

학교에서 워터파크에 가기 전날 재미있을 것 같아서 기분이 좋았다. 원래 워터파크에 가본 적이 있어서 더 기대됐다. 워터파크에서는 파도 풀에서 노는 게 제일 재미있었다. 하준이랑 같이 놀아서 더 재밌었다. 깊은 곳에도 가보고 싶었는데 선생님이 위험하다고 해서 못 가서 조금 아쉬웠다. 안전 선생님이 파도 풀에서 엄청 신나게 놀아주셨다. 그 때 잠수도 했는데 너무 재밌었다. 안전 선생님이 재밌게 놀아주셔서 감사했다. 워터슬라이드는 타기 전에 기대됐는데 탔더니 하나도 안무섭고 더 재미있어서 또 타고 싶었다. 따뜻한 탕에 들어가서 구명조끼로 놀고 잠수도 2번이나 했다. 워터파크에서 신나게 놀아서 좋았다. 다음에 또 오고 싶다.

에버랜드 워터파크

류혜원 (2학년)

    학교에서 1박 2일 체험학습으로 에버랜드와 캐리비안 베이를 갔다. 먼저 캐리비안 베이에 갔다. 새로 산 분홍색 수영복을 입을 수 있어서 기뻤다. 워터파크에서 물 미끄럼틀도 타고 파도 풀에서도 놀았다. 물이 출렁출렁하고 시원해서 재미있었다.
    저녁에는 에버랜드로 갔다. 어린이 바이킹도 타고 멋있는 퍼레이드도 봤다. 반짝반짝 불빛이 많아서 신기했다. 에버랜드 숙소에서 하루 자고 다음 날 에버랜드에서 또 놀았다. 사파리 동물도 봤다. 너무너무 즐거운 1박 2일이었다. 학교에서 이렇게 재미있는 체험학습을 갈 수 있어서 행복하고 감사하다.
다음에 또 가고 싶다!

즐거운 에버랜드

은하윤 (5학년)

학교에서 에버랜드로 1박 2일 체험학습을 다녀왔다. 재밌는 일도 많았고, 감사한 일도 너무 많았다. 그래서 에버랜드에서 즐거웠던 일과 감사했던 일을 써보려고 한다. 먼저 에버랜드 현장체험을 준비해준 선생님들과 학교 분들께 감사하다고 말씀드리고 싶다. 에버랜드까지 안전하게 태워주신 기사님께도 감사하다. 아침에 학교에서 버스를 타고 버스 안에서 게임도 하고, 노래도 들으며 갔는데 긴 시간이었지만 하나도 지루하지 않았다. 에버랜드에 도착하자마자 차에 물건을 두고는 수영복만 챙겨서 캐리비안베이로 갔다. 메가스톤, 파도풀 등 즐겁게

놀았다. 캐리비안베이에서 즐겁게 놀다가 다시 버스를 타고 숙소까지 갔는데 사실 숙소는 조금 좁아서 별로였다. 드디어 에버랜드 입장! 숙소에 짐을 정리하고 에버랜드에 가서 모둠끼리 저녁을 먹었다. 식사를 먹을 수 있는 쿠폰을 주셔서 우리가 직접 메뉴를 고를 수 있어서 너무 좋았다. 쿠폰을 주신 선생님! 감사합니다. 놀다보니 퍼레이드를 볼 시간이 되어서 퍼레이드를 보았다. 신데렐라, 인어공주 등이 나오는 화려한 퍼레이드였다. 퍼레이드와 불꽃놀이를 보고 숙소로 가는 길에 편의점에서 먹을 것들도 잔뜩 샀다. 숙소에서 친구들과 과자를 먹는 재미도 현장체험의 묘미니 말이다. 자고 일어나서 다시 에버랜드를 갔는데 다음날 아침엔 사람이 너무너무 많아서 조금밖에 타지 못했다. 그래도 돌아다니면서 간식도 사먹고, 친구들과 재미있게 놀 수 있어서 너무 즐거운 시간이 되었다. 돌아가는 길에 휴게소를 가려고 했는데 얼마나 피곤했던지 휴게소에서 꼼짝도 할 수 없었다. 피곤했지만 즐거움과 감사함이 가득한 현장체험이었다.

에버랜드에서 있었던 일

김지애 (5학년)

에버랜드에 갔을 때 감사한 일이 너무 많이 있었다. 첫 번째, 에버랜드에 가기 전에 짐을 싸준 엄마한테 감사하다. 엄마도 일어나기 힘들텐데 1박 2일동안 필요한 짐을 열심히 싸주셔서 감사하다. 엄마 덕분에 수영장과 놀이공원을 편하게 다녀올 수 있었다. 두 번째, 선생님들께 감사하다. 좋은 방을 예약해주셔서 친구들과 재밌게 놀고 편하게 잘 수 있었다. 그리고 저녁에도 맛있는 간식을 사주시고, 사진도 많이

찍어주셔서 감사했다. 세 번째, 버스기사님께 감사하다. 학교에서 에버랜드까지 엄청 먼 거리인데도 안전하게 운전해주셨다. 덕분에 에버랜드에 일찍 도착해서 많이 놀 수 있었다. 세 분 말고도 감사한 사람들이 많이 있다. 함께 해준 친구들, 안전하게 우리를 지켜준 라이프가드 분들 등 주위에 감사한 사람이 많은 것 같다. 그런데 감사하다고 표현을 못했던 것 같다. 앞으로는 감사하다고 말하는 사람이 되어야겠다.

에버랜드

신예윤 (5학년)

기다리고 기다리던 에버랜드를 6월에 다녀왔다. 3월부터 계속 기다렸는데 드디어 이날이 왔다. 어떤 옷을 입을까? 돈은 얼마나 가져갈까? 가서 기념품은 무엇을 살까? 저녁에는 뭘 하지? 이런저런 생각을 하면서 그동안의 날들을 보냈었다. 상상만해도 정말 신이 났다. 에버랜드는 학교에서 1박 2일로 가는 체험학습이었다. 그래서 에버랜드에 보내준 교장선생님께 감사했다. 교장선생님께서 우리들을 지원해주시고, 식사랑 간식도 제공해주셨다. 학교에서 출발하기 전에 좋은 이야기도 많이 해주셔서 우리 모두 다치지 않고 잘 다녀올 수 있었던 것 같다. 교장선생님의 "잘 갔다와라." 그 말이 참 감동이었다. 교장 선생님의 한 마디 한 마디가 언제나 감사하다. 학교에서 버스를 타고 용인에 있는 에버랜드까지 갔다. 거의 3시간 가까이 버스를 탔는데 기대감 때문인지 하나도 힘들지 않았다. 기대했던 에버랜드 체험학습은 무척 즐거웠다. 다음에 또 가고 싶다.

생존 수영

하지혜 (3학년)

오늘은 생존수영을 갔다. 점심을 먹고 수영 갈 생각에 아침부터 기대되고 두근두근 거렸다. 물에 들어가기 전 준비운동을 하고 물에 들어가려고 발을 살짝 넣어보았더니 좀 차가웠다. 하지만 들어갔더니 금방 몸이 적응되었다. 첨벙첨벙 열심히 다리를 움직이는 연습을 하였다. 처음에는 엄청 힘 있게 할 수 있었는데 점점 지쳐갔다. 그래도 열심히 가르쳐주시는 선생님이 있어서 열심히 할 수 있었다. 열심히 하

니 곧 쉬는 시간이 되었다. 친구들, 언니, 오빠들과 잠수 대결을 하였다. 꼬로로록, 1,2,3,4... 하 내가 24초 동안이나 참았다. 다시 열심히 생존수영 수업을 들었다. 수업을 들으면서 내가 진짜 물에 빠지게 되었을 때 내가 수영을 해서 나올 수 있도록 열심히 배웠다. 열심히 하려고 하니 호랑이처럼 내 기운이 솟아나는 것 같았다. 조금 더 길게 하면 좋을 텐데 금방 수영 시간이 끝나고 내 힘도 쭉 빠졌다. 목소리를 엄청 크게 내시며 열심히 우리를 가르쳐 주신 선생님께 감사하였다. 그리고 우리가 열심히 수영 수업을 들을 동안 우리를 열심히 지켜봐주시고, 맛있는 간식을 준비해주시고, 씻고 정리하는 것을 도와주신 우리 학교 선생님들께도 감사하였다. 또, 우리를 안전하게 수영장에 데려다 주신 버스 기사 선생님들께도 감사하였다. 매일매일 수영 수업이 있었으면 좋겠다.

행복한 주말

정다은 (3학년)

오늘 점심 메뉴는 불고기였다. 우리 엄마가 만든 불고기는 내가 먹어본 불고기 중에 제일 맛있다. 양파도 들어가고 버섯도 들어가고 채소를 별로 좋아하지 않는 나도 맛있게 먹을 수 있다. 오늘도 불고기는 정말 맛있었다. 불고기 소스도 고기와 함께 밥에 올려 먹으면 정말 맛있다. 다음에 또 엄마께 불고기를 해달라고 부탁드려서 먹어야겠다. 그러면 엄마를 돕기 위해 동생들을 놀아주거나 집안일을 도와드려야겠다. 내가 공부를 열심히 해도 좋아하실 것 같다. 맛있는 불고기를 해주신 엄마 고맙습니다. 사랑해요. 저도 잘 할게요~ 다음에 또 해주세요. 밥을 먹고 휴대폰으로 로블이라는 게임을 하였다. 로블록스는 내가 제일 좋아하는 게임이다. 혼자 하는 것도 재미있지만 게임 속에서 친구들을 만나 같이 하는 건 더 재미있다. 오늘은 들어갔더니 세현이가 게임을 하고있어서 같이 재미있게 게임을 하였다. 같이 게임을 해 준 세현아 고마워. 로블록스 타워를 하는데 엄마가 일기를 쓰라고 하셔서 게임을 그만했다. 재미있었다.

영화를 본 날

신민재 (4학년)

　엄마가 영화를 보러 가자고 했다. 영화관에는 오랜만에 가는 거라 기대가 됐다. 차를 타고 영화관에 갔다. 우리가 예매한 영화는 '인어공주'다. 근데 일찍 도착해서 영화가 시작되려면 시간이 꽤 남아있었다. 그래서 먼저 팝콘을 고르고 기다리는데 영화관 안에 게임을 하는 곳이 있었다. 우리 가족은 그곳으로 가보기로 했다. 게임기에 동전을 넣고 아빠랑 윤주, 예주랑 실컷 놀았다. 영화관에는 '인생네컷'도 있었다. 그래서 엄마, 아빠, 윤주, 예주랑 사진을 찍었는데 선글라스랑 모자로 한껏 꾸미고 찍어서 너무 재밌었다. 서로의 모습을 보며 한참을 웃었다.
　즐겁게 놀다 보니 어느새 영화가 시작할 시간이 되어서 우리는 상영관으로 들어갔다. 팝콘을 먹으며 영화를 보았다. 엄마, 아빠 덕분에 잊지 못할 하루가 되었던 것 같아서 너무나 감사하다.

육상대회

이태훈 (5학년)

4학년때처럼 5학년이 되어서도 육상대회를 나가게 되었다. 육상대회를 준비하면서 육상 코치님과 연습을 4주 동안 함께 했다. 육상 코치님은 작년에도 우리 학교에 와서 우리들에게 달리기, 투포환 등을 알려주셨다. 나는 그중에서 투포환 종목에 나가게 되었다. 코치님께서 친절하게 동작을 하나하나 알려주셔서 감사했다. 코치님께서 바빠서 매일 같이 연습하지는 못했다. 코치님께서 안 오시는 날에는 백성호 선생님과 함께 연습을 했다. 날이 더웠는데도 열심히 나를 가르쳐주셔서 감사했다. 맛있는 간식도 준비해주셔서 힘내서 연습할 수 있었다. 백성호 선생님 감사합니다.

육상대회 날에는 학교 버스를 타고 의성읍에 있는 운동장으로 향했다. 친구들은 다른 종목에 출전했고, 나는 투포환 차례를 기다렸다. 드디어 내 차례! 투포환을 힘껏 3번 밀었다. 다들 열심히 하는 모습이 멋있었다.

점심시간이 되어 중국집에 가서 밥을 먹고는 결과가 나올 때까지 기다렸다. 결과 발표 때 내 이름이 나왔다. 3등이라서 조금은 아쉬웠다. 그래도 투포환에 함께 나왔던 동생이 금메달을 따서 괜찮았다. 그동안의 노력이 보상받는 기분이 들어서 무척 즐거웠다.

선생님과의 마지막 날

배서진 (4학년)

나에게는 무척 감사하고 소중했던 선생님이 있다. 바로 2~3학년 때의 선생님이다. 3학년이 된 첫날, 선생님과 또 일 년을 함께할 수 있어서 기뻤던 기억이 지금도 생생하다. 선생님과 함께 즐겁게 학교생활을 하던 어느 날 선생님이 개인 사정으로 더 이상 학교에 못 오신다는 소식을 듣게 되었다. 그 말을 들은 뒤 나는 조금씩 우울해지고 있었다.

그리고 6월 30일. 선생님과의 마지막 날이 왔다. 선생님은 우리들에게 마지막으로 손편지를 써주셨다. 손편지를 읽으니 선생님의 따뜻한 마음이 느껴졌다. 이렇게 손편지를 써 주신게 아주 감사하다는 생각이 들었다. 선생님과 우리 반 아이들은 마지막으로 보드게임을 했다. 보드게임이 끝날 무렵 친구들이 한두 명씩 울기 시작했고, 나도 울컥했다.

선생님께서 이 책을 보신다면 전해드리고 싶은 말이 있다.

"선생님, 마지막까지 저희를 생각해주셔서 정말로 감사합니다. 꼭 다시 보면 좋겠어요. 선생님도 어디선가 이 책을 보시겠죠?"

7월
감사 일기

엄마가 해준 비빔면

김수현 (1학년)

어제 언니 오빠랑 저녁에 병원놀이를 하고 놀았다. 너무 재미있었다. 언니가 나랑 같이 놀아줘서 고마웠다. 언니랑 놀고 있었는데 배가 고팠다. 그때 엄마가 비빔면을 해주셨다. 엄청 맛있었다. 나는 엄마한테 "엄마, 감사합니다!"라고 말했더니 엄마가 좋아했다. 엄마가 해주는 비빔면을 나도 배우고 싶다. 맛있는 비빔면을 다 먹고 언니 오빠랑 병원 놀이를 또 했다. 너무 재밌었다.

하트 바구니

신예주 (2학년)

 일 학기 동안 하트 바구니를 다 모았다. 학교생활을 열심히 하고 학급 규칙을 잘 지키면 하트를 받을 수 있고 하트를 정해진 개수만큼 모으면 선물을 받을 수 있다. 드디어 마지막 하트를 다 모아서 선물을 받을 수 있게 되었다. 선물로 내가 가지고 싶었던 포차코 인형을 받아서 너무 너무 기분이 좋았다.

 2학년이 되고 학급 온도계 활동을 하고 싶다고 말했었는데 선생님께서 우리의 의견을 받아주셔서 하트 바구니 활동을 할 수 있었다. 덕분에 맛있는 빵도 먹고 재미있는 피구도 하고 선물도 받을 수 있었다. 선생님께서 우리들의 이야기를 잘 들어주셔서 정말 감사하고 행복하다!

맛있는 수박화채

신예주 (2학년)

우리 학교에는 텃밭이 있다. 봄에 학년별로 옥수수, 방울토마토, 비트, 애플수박 등등 다양한 것들을 심었다. 나는 그중에서 애플수박이 제일 기대됐다. 드디어 여름이 되어서 애플수박이 다 자랐다. 우리 반에서 키운 애플수박이 제일 커서 기분이 좋았다.

우리 반에서는 애플수박을 수확해서 화채를 해 먹기로 했다. 선생님께서 애플수박을 반으로 잘라 수박화채를 해주셨다. "우와~ 맛있다!!" 시원한 수박과 우유를 섞어 먹으니 너무너무 맛있었다. 남은 반쪽은 다음날 세모 모양으로 잘라서 맛있게 먹었다.

이렇게 맛있는 애플수박을 먹을 수 있어서 감사하고 애플수박으로 화채를 만들어 주신 선생님께도 감사하다.

수영

정예원 (1학년)

언니가 수영을 하자고 해서 마당에 엄마랑 언니랑 나랑 수영장을 만들었다. 우리 집 마당이 넓어서 수영장을 만들 수 있었다. 만드는 건 굉장히 쉬웠다. 수영장을 만들고 물을 엄청 많이 담았다. 내 배 정도까지 물이 왔다. 나는 수영장에서 수영도 하고 잠수도 했다. 잠수 대결도 했는데 언니가 1등, 내가 2등, 민재가 3등을 했다. 민재는 잠수만 할 줄 알고 수영은 못해서 3등을 했다. 수영을 열심히 하고 밖에서 한 번씩 쉬었다. 쉬면서 과자를 먹었는데 맛있었다. 들어갔다가 쉬었다가를 반복하고 놀다가 힘들어져서 집에 들어가서 씻고 쉬었다. 너무 재미있어서 다음에 또 하고 싶었다. 엄마는 수영장을 만들어줘서 고마웠다. 언니는 나랑 재밌게 시합도 해주고 같이 놀아줘서 고마웠다.

하윤이 언니랑 다이소 간 날

김리안 (3학년)

오늘은 의성읍에 있는 다이소를 갔다. 아침에 밥을 먹고 바로 하윤이 언니도 같이 다이소를 갔다. 그런데 다이소 위치가 바뀌었다. 내가 알던 다이소가 위치를 바꾸니 신기하였다. 저번에는 2층까지 있었는데 이번에는 1층만 있지만 더 넓어졌다. 하윤이 언니와 함께 다이소를 구경하였다. 물건을 다 고른 뒤 계산을 하려고 하였는데 엄마가 사

주셨다. 오늘은 마스킹 테이프, 포장지, 색칠도구, 슬라임, 스티커, 간식, 인형을 샀다. 나는 평소에 친구들에게 선물을 주는 것을 좋아해서 마스킹 테이프랑 포장지를 샀다. 평소에 내가 고마운 친구들이나 선생님에게 선물을 주었을 때 좋아하는 모습을 볼 때 기분이 좋다. 엄마가 내가 갖고 싶은 물건들을 사주셔서 참 감사드렸다. "엄마, 고마워. 공부 열심히 할게~" 그리고 내가 좋아하는 마라탕을 먹으러 갔다. 나는 마라탕에 팽이버섯과 치즈떡, 옥수수면, 소고기, 중국당면, 분모자, 건두부를 넣는 것을 좋아한다. 마라탕이 오늘도 정말 맛있었다. 마라탕을 먹고 후식으로 베스킨라빈스를 갔다. 나는 새로운 맛이 나와서 그 맛을 먹었다. 오늘 하루동안 같이 다녀준 하윤이 언니와 엄마에게 감사하였고 맛있는 것도 사주시고 내가 갖고 싶은 것들을 사주신 엄마께 감사했다. 오늘도 하루가 참 감사한 것 같다.

수영장 설치

박지한 (3학년)

    오늘의 날씨는 해가 쨍쨍하였다. 오늘 아빠가 수영장을 설치해주셨다. 그래서 아빠를 도와드렸다. 아빠를 도와 큰 쓰레기도 치웠다. 그리고 트램펄린은 아빠가 정리해주실 동안 나는 주한이, 동생들과 함께 마당에서 놀았다. 그런데 마당에 초록색 무언가가 있었다. 바로 개구리였다. 개구리를 풀에 놔주고 여치, 방아깨비, 메뚜기를 잡았다. 잡아서 닭에게 주었다. 닭들이 잘 먹어서 행복했다. 여치, 방아깨비, 메뚜기들에게 미안했지만 고마웠다. 이제 아빠한테 가려고 하는데 소금쟁이가 있었다. 잡으려고 살금살금 다가갔는데 날아갔다. 나도 소금쟁이처럼 날아가고 싶었다. 그 다음에 아빠를 도와 바닥 청소를 하였는데 꾸중물이 폭포처럼 쏟아져 나왔다. 그리고 공벌레도 나왔다. 오늘은 절지동물, 곤충의 날이다. 너무 신이 난다. 여기저기 돌아다녔더니 배가 고파졌다.

　이제 아빠가 설치할 동안 밥을 먹었다. 내가 라면에 스파게티 소스를 넣어보았다. 아주 황홀한 맛이였다. 엄마가 맛있는 밥을 먹을 수 있도록 도와주셔서 감사했다. 이제 물에 들어가려 하는데 수영장 물이 좀 높았다. 나한테 마치 땅과 하늘의 차이이다. 그래서 겨우겨우 들어갔다. 잠수도 하고 물싸움도 했는데 주한이가 물을 분수처럼 뿌렸다. 나도 다시 폭포처럼 많이 뿌렸다. 놀다가 집으로 들어갔다. 재밌게 놀 수 있도록 수영장을 설치해주셔서 아빠께 고마웠다.

　다음에 더 놀아야지~

8월
감사 일기

오락실

백하준 (1학년)

여름방학 때 엄마 아빠랑 엘리멘탈을 보러 영화관에 갔다. 영화관에는 오락실도 있었다. 그날 오락실에 처음 갔다. 이상한 자동차도 있고 펀치도 있고 농구게임도 있어서 재밌어보였다. 제일 먼저 아빠랑 동그라미를 치는 게임을 했다. 내가 "한판 더할래요?" 물어봐서 아빠가 "한판 더"라고 하셨다. 그래서 또 했다. 이 게임은 내가 잘해서 이겼다. 두 번째는 자동차 게임인데 두 명씩 괴물을 공격하는 거였다. 이 게임은 아빠가 잘해서 조금 좋았다. 아빠가 나랑 오락실 게임을 같이 해줘서 고마웠다. 엄마는 딱 한판만 해서 아쉬웠다. 다음에 오락실에 엄마 아빠랑 또 오고 싶다.

피구

류혜원 (2학년)

　오늘 학교에서 친구들과 선생님과 피구를 했다. 나는 피구를 제일 좋아하기 때문에 너무너무 기뻤다. "야호~ 신난다!!" 피구를 하러 강당으로 가는 동안 무척 설렜다.

　그런데 우리 반은 5명이라서 놀이를 할 때 팀을 나누기 어렵다. 사람이 적기도 하고 짝이 맞지 않기 때문이다. 그래도 우리 반 선생님께서 항상 같이 놀이를 해주셔서 6명이 팀을 나눠서 피구를 했다. 3대 3으로 팀을 바꿔가면서 피구를 여러 번 했다. 돌아가면서 팀을 하니까 피구가 더 재미있었다. 선생님께서 재미있게 피구를 하고 놀아주셔서 감사했다.

수박화채

이승원 (3학년)

오늘은 드디어 우리반 학급 온도계를 60도까지 올려서 수박화채를 만들어 먹는 날이었다. 3월부터 시작해서 드디어 우리반 친구들이 함께 힘을 합쳐 60개까지 모았다니.. 신기하기도 하고 얼른 100개까지 다 채우고 싶었다. 아침에 선생님을 도와 세현이와 함께 수박과 필요한 것들을 옮기는 것을 도와드렸다. 아침부터 선생님을 도와드리고 칭찬을 들으니 기분이 좋았다. 1교시 체육 수업이 끝나고 수박화채를 먹는 시간이 되었다. 선생님께서 미리 썰어 놓은 수박들과 밀키스, 후르

츠 칵테일, 얼음 등등을 넣고 선생님께서 섞으셨다. 선생님이 국자로 섞을 때 친구들과 함께 구경을 하였는데 빨리 먹고 싶고 기대가 되었다. 선생님께서 긴 종이컵에 담아주시고 친구들과 먼저 1그릇씩 먹었다. 첫 입을 먹었을 때 너무 시원하고, 달고 맛있어서 금방 다 먹어버렸다. 2그릇, 3그릇 까지 먹고 다른 친구들을 위해 나는 숟가락과 컵을 정리하였다. 하지만 친구들이 나에게 더 먹어도 된다고 말을 해주었다. "승원아, 더 먹고 싶으면 더 먹어도 돼. 나는 벌써 배부르려고 해." 친구들의 말을 듣고 나는 더 배부르게 먹을 수 있었다. 나를 생각해서 말을 해준 친구들에게 고마웠다. 그리고 우리를 위해서 준비해주신 선생님께도 감사하였다.

물탱크

이태훈 (5학년)

  8월 뜨거운 햇빛이 내리쬐던 날, 나는 TV를 보고 있었다. 그 때, 아빠가 갑자기 TV를 보고 있던 나를 불렀다. 물탱크를 꺼내려고 하는 아빠의 모습이 보였다. 아빠가 나를 보더니 이쪽으로 오라고 했다. 설마…? 설마 하는 마음을 가지고 나는 그쪽으로 갔다.
  "무슨 일이에요?"

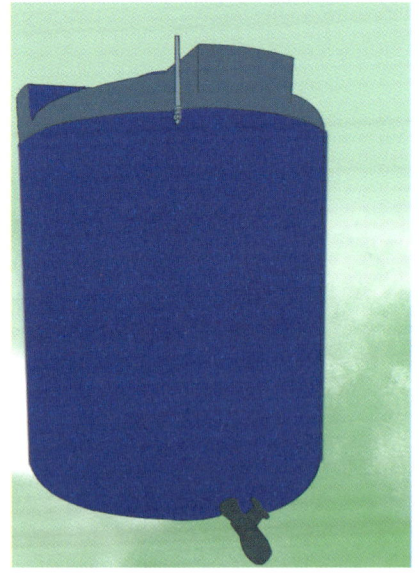

"잔말말고 이것 좀 도와봐라!"

나를 포함해 동생까지 동원되어, 밧줄로 물탱크를 메고 끌어 올렸다.

"이제 뭐하면 돼요?"

"이제 저 큰 물탱크 한 번 같이 옮겨보자."

아까 옮겼던 물탱크의 3배 크기의 물탱크였다..

"이걸 어떻게 옮겨요!!"

다행히 차로 옮기다가 끌고 가자고 아빠가 말했다. 어찌저찌 다했고, 아빠가 마지막에 돌을 옮기고 그 위에 판자로 덮었다. 일이 다 끝나자 아빠가 이렇게 말했다.

"이제 가도 된다!"

편히 쉬고 있었는데, 물탱크를 옮기니 너무나도 힘이 들었다. 그렇지만, 이렇게 아빠와 동생과 함께 같이 일을 할 수 있어서 감사했고, 끝나고 맛있는 음식을 먹을 수 있었다. 그래도 다음부턴 안 하고 싶다!

지성이와 함께

신민재 (4학년)

우리 집에는 '지성'이라는 시바견 강아지가 있다. 사실 예전에는 두 마리의 강아지가 더 있었다. '메시'와 '날도'인데 모두 골든 리트리버였다. 근데 메시와 날도는 하늘나라로 가는 바람에 우리 집에는 지성이만 남았다. 메시와 날도가 그립기도 하지만 지성이와 노는 것도 나는 재미있다.

어느 해가 쨍쨍한 날이었다. 나는 심심했다. 그래서 지성이랑 놀려고 마당에 나갔다. 먼저 공놀이를 했다.

"지성아, 물어와!."

"멍멍"

지성이가 공놀이를 재밌게 잘해서 간식도 주었다. 다음으로 나는 지성이한테 말했다.

"빵야! 지성이가 빵야!"

그러면 지성이는 발라당 눕는다. 역시 우리 지성이는 똑똑하다.

"잘했어!!"

나는 지성이에게 칭찬을 해주었다.

지성이가 있어서 나는 심심하지 않다. 지성이는 우리와 오래오래 함께 했으면 좋겠다.

베트남 여행

신윤주 (4학년)

여름방학이 되어 베트남으로 가족여행을 갔다. 베트남은 더운 나라라고 했는데 정말 우리나라보다 베트남이 더운 것 같았다. 하지만 우리가 여행을 간 날엔 날이 흐려서 여행을 하기 딱 좋은 날씨였다. 날씨마저 우리 여행을 도와주는 느낌이라 무척 신났다.

베트남 호텔에는 큰 수영장이 있었다. 첫 번째 호텔에서는 물놀이를 못했지만 두 번째 호텔에서는 물놀이도 실컷 했다. 원숭이도 보고,

시장에서 친구들에게 줄 선물도 샀다. 직접 손으로 만들었다는 거북이 줄자를 골랐는데 친구들이 이걸 보면 좋아할 것 같았다. 세계에서 두 번째로 길다는 케이블카도 탔다. 원래는 세계에서 제일 긴 케이블카였는데 다른 케이블카가 생기면서 2등이 되었다고 한다.

  많은 것을 경험하고, 느낄 수 있었던 여행이었다. 이번 여행 덕분에 나는 11살 여름을 즐겁게 기억할 수 있을 것 같다.

아빠의 수제 떡볶이

유은채 (4학년)

여름방학이라 한가하게 누워서 휴대폰을 보던 어느 날이었다. 갑자기 아빠에게 문자가 왔다.

"오늘 저녁에 외식할래?"

외식이라니 무조건 좋았다. 나는 얼른 답장을 보냈다. 오랜만의 외식이어서 더욱 기대가 되었다. 얼른 아빠가 왔으면… 설레는 마음으로 아빠의 퇴근 시간을 기다렸다.

기다리고 기다리던 저녁 시간이 되었고, 아빠가 퇴근하면서 나를 데리러 왔다. 얼른 나갈 준비를 마치고 우리는 홈플러스에 있는 식당에 갔다. 그런데 방금 마감을 해서 들어갈 수 없다고 했다. 설렘으로 가득 했던 마음이 한순간에 펑 터지는 느낌이었다.

 대신 아빠가 수제 떡볶이를 만들어 준다고 하셨다. 아빠와 나는 홈플러스에서 떡볶이 재료를 사서 집으로 돌아왔다. 아빠가 만든 떡볶이는 너무 맛있었다. 한 입만 더…한 입만 더… 순식간에 다 먹어버렸다. 외식은 하지 못했지만 더욱 특별한 아빠의 수제 떡볶이를 먹을 수 있어서 행복한 하루였다.

즐거운 여름방학

김민성 (5학년)

여름방학 때 친구 집을 많이 놀러 다녔다. 그 중에 재미있게 놀았던 기억이 몇 개 있다.

첫째, 은하윤의 안계집에 놀러간 날이다. 이날은 아주 배부른 날이였다. 은하윤은 집이 두 개 있다. 그 중에서 안계에 있는 집에 놀러 갔는데, 근처에 편의점이 있어서 편의점에서 먹을 것을 잔뜩 사서 집에 와서 같이 이야기하면서 먹었다! 그러다가 하윤이 엄마가 갑자기 치킨을 사주셨다. 감사합니다..!! 그래서 아주아주 맛있었다. 밤에는 또 배가 출출해져서 라면을 뚝딱 먹고 잤다. 아주 보람찬 하루였다.

둘째, 김지애 집에 놀러간 날이다. 지애집에서는 게임을 많이 했다. 게임을 하다 보니 또 배가 고파졌는데,, 고기를 구워먹고 놀았다! 불판에 구워먹는 고기 맛은 정말 최고였다. 그리고 밤에 드론을 날리면서 놀았다! 이리저리 움직이는 것이 아주 재미있었다. 너무 열심히 놀았는지, 밤이 늦어서 지애 집에서 자고 다음날 아침에 돌아갔다!

셋째, 김세현 집에 놀러간 날이다. 세현이는 2살 동생으로 3학년 동생이다. 여기서도 역시나 놀다가 고기를 먹었다! 밖에서 먹는 고기는 언제 먹어도 최고였다. 이 날에 세현이랑 놀다가 세현이가 울어버렸다. 자세한 이야기는 우리 둘만의 비밀이지만 잘 달래주었다.

방학이 참 짧았지만 여러 친구 집에 놀러가니 시간이 금방금방 지나갔다. 초대해준 친구들, 맛있는 음식 준비해준 부모님들 감사합니다. 나중에 또 놀러가도 괜찮지요?

17마리 고양이와 함께해서 더 행복한 하루

박민지 (4학년)

우리집 고양이는 17마리다. 고양이 소개를 하자면 레몬, 주황이, 검둥이, 귤이, 포도, 자두, 바람, 호빵, 크림, 체리, 주냥, 쿠키, 치즈, 레오, 거봉, 초코, 표범이다.

레몬이는 할머니 고양이다. 내가 유치원 다닐 때부터 있었는데 털이 레몬색이어서 내가 레몬이라고 이름을 지어주었다. 주황이는 조금 말랐지만 귀엽다. 검둥이는 통통한데 특히 볼이 말랑말랑하다. 귤이는 퉁퉁하지만 엄청 귀엽다. 포도는 애교가 많다. 자두는 새침한데 한번씩 보여주는 애교가 너무 귀엽다. 바람이는 사람을 무서워해서 사람이 다가오면 달아나버린다. 호빵이는 얼굴이 호빵처럼 빵빵하다. 크림이와 체리는 검은 고양이인데 둘 다 무척 순하고 착하다. 주냥이는 연한 주황색 털을 가졌고, 순하다. 쿠키는 검은 고양이인데 갈색 무늬가 있다.

치즈는 털 색깔이 연한 노란 아기 고양이인데 보고 있으면 치즈가 떠오른다. 레오는 까만 아기 고양이인데 코 아래와 배는 흰색이라서 독특하게 생겼다. 거봉이는 겁이 많은 아기 고양이고, 초코는 용감한 아기 고양이다. 표범이는 표범같은 무늬가 있어서 엄마가 이름을 지어주었는데 표범처럼 무섭지는 않고, 귀여운 아기 고양이다.

8월에 치즈, 레오, 거봉이, 초코, 표범이가 태어나면서 우리 집은 모두 17마리의 고양이와 함께 지내게 되었다. 처음에 눈도 못뜨던 아기 고양이가 지금은 걸어다닌다. 보고 있으면 신기하고, 너무 귀엽다. 아기 고양이들과 함께 노는 것이 재밌어서 학교에서 집으로 돌아가는 길이 즐거울 때도 있다. 나를 행복하게 해주는 고양이들에게 늘 감사하다.

우리 선생님

박지한 (3학년)

나는 우리 학교에 고마운 사람이 많다. 김경민선생님, 기사 선생님 등 학교에 고마운 사람이 많다. 그 중에 김은정 선생님에게 감사하다. 김은정 선생님은 재미있게 가르쳐 주시고 이해하기 쉽게 가르쳐 주신다. 또 재미있는 놀이도, 활동도 많이 해주신다. 선생님이랑 했던 것 중에 수박 화채를 만들어 먹은 날이 기억에 남는다. 우리가 열심히 학급 온도계를 올려서 60개까지 올린 것이 뿌듯하다. 친구들과 함께 먹었던 수박화채가 정말 맛있었다. 그리고 우리반 선생님은 내가 어려운 문제가 있을 때 머리에 쏙쏙 들어갈 수 있도록 쉽게 설명해주신다. 나는 우리반 선생님이 좋다. 선생님 덕분에 3학년 생활이 유쾌하고 행복하고 재미있다. 그리고 공부가 재미있어서 공부 시간도 빨리 간다. 나도 언젠가 선생님처럼 훌륭하고 재미있는 사람이 될 거다.

김경민 선생님에게도 감사하다. 처음 비안초등학교에 전학을 왔을 때 학교에 적응할 수 있도록 도와주셔서 감사했다. 그리고 1학년 때, 공부를 쉽게 가르쳐주셔서 2학년이 돼서도 공부를 잘 할 수 있어서 감사했다. 기사 선생님은 학교에 매일 일찍 데려다주시고, 집으로 안전하게 데려다주신다. 평소에 감사하다고 잘 말은 못 했지만, 감사하다. 앞으로 학교에서도 재미있게 지내고 싶다.

즐거운 여름방학

박도완 (4학년)

나는 김포 할머니집에서 방학을 보낸다. 김포는 바다가 가까이 있는 멋진 도시다. 이번 여름방학에도 나는 할머니집에 가기로 했다. 이모부께서 나를 태워주셔서 함께 김포로 갔다.

할머니, 할아버지는 오랜만에 만나는 나를 반겨주셨다. 맛있는 것도 많이 해주셨다. 그리고 마당에 수영장도 만들어 주셨다. 여름방학엔 역시 물놀이지! 사촌들과 함께해서 더욱 즐거웠다.

할머니집에서 보내는 방학은 늘 즐겁다. 할머니, 할아버지 덕분에 늘 행복한 방학을 보낼 수 있어서 감사하다.

9월
감사 일기

백하준 (1학년)

내가 축구를 좋아해서 엄마가 축구교실을 신청했다. 그러나 어느 날 "하준아 30명 중에 20명을 뽑는데 우리가 뽑혔어!"라고 엄마가 말했다. 축구를 배우고 싶었는데 배울 수 있게되어서 기분이 엄청 좋았다. 재미있을 것 같아서 기대됐다. 축구를 배우는 곳에 있는 운동장은 진짜 넓었다. 거의 학교 운동장이랑 똑같거나 조금 더 컸다. 거기에서 드

리블이랑 패스를 배웠다. 우리 1, 2학년을 가르쳐주는 축구선생님은 뭔가 잘생겼다. 그리고 축구를 재밌게 가르쳐주셔서 고맙다. 축구를 하면서 제일 재미있을 때는 경기를 할 때다. 저번에는 경기할 때 골키퍼를 했는데 어떤 친구가 공을 위로 차서 내 얼굴에 맞았다. 그래서 아팠는데 그 때 코피가 나서 더 놀랐다. 그래도 그 친구가 사과해줘서 받아줬다. 요즘 축구를 배워서 너무 좋다. 엄마가 신청해줘서 고맙다. 앞으로 축구를 더 열심히 하고 잘해서 축구 선수가 되고 싶다.

추석

이미래 (1학년)

　추석 때 고모랑 고무부랑 언니, 오빠랑 큰아빠가 안계에서 우리 집까지 왔다. 우리 집까지 와줘서 너무너무 고마웠고 기분이 좋았다. 같이 재밌는 얘기도 하고 인형놀이도 하고 놀았다. 할머니랑 엄마는 맛있는 밥을 해줘서 고마웠다. 가족들이랑 같이 있으니까 너무 좋았고 나를 사랑해줘서 고마웠다. '할머니, 엄마, 아빠 사랑해요!'하고 마음 속으로만 말했는데 나중에 꼭 직접 말해줘야겠다. 다음번 추석에는 다 같이 안동에 가서 가족들이랑 신나게 놀고 싶다.

입양

황효주 (1학년)

내가 강아지를 키우고 싶다고 매일매일 말해서 엄마가 강아지를 입양했다. 그 강아지는 원래 집에 있던 강아지랑 닮은 연한 갈색에 귀여웠다. 그래서 엄마한테 고마웠다. 나는 강아지 머리도 만져주고 내 손을 핥아줬다. 귀엽고 너무 기분이 좋았다. 근데 아빠가 강아지를 싫어하셔서 고민이다. 난 좋은데.. 어느 날 아빠가 아침에 어딘가로 강아지를 데리고 가셨다. 기분이 안 좋았다. 강아지를 보고 싶었는데 갑자기 강아지 소리가 났다. 다른 강아지였다. 내가 "강아지야!" 하고 불렀다. 엄청 조그만 아기 강아지였다. 너무 귀여웠다. 강아지가 100마리 생기면 좋겠다.

탕후루 만든 날

김세현 (3학년)

오늘은 탕후루를 만들었다. 내가 기다리고 기다리던 날이다. 엄마에게 지난 번부터 탕후루를 만들자고 말씀드렸는데 오늘 드디어 만들었다. 엄마가 바쁘신데 시간을 내주셔서 감사했다. 우리가 만든 탕후루는 샤인머스켓 탕후루 였다. 그런데 유튜브를 따라 똑같이 만들었는

데 실패하였다. 우리가 빠트린 과정이 있었다. 탕후루를 만드는 방법은 먼저, 컵에 설탕과 물을 2:1로 붓고 전자레인지로 30초씩 돌리면서 확인한다. 그리고 설탕 시럽이 누래지면 얼음물에 살짝 넣어서 바로 굳는 지 확인한다. 바로 굳으면 과일꼬지를 설탕 시럽에 넣어서 얼음물에 바로 넣는다. 그리고 굳힌다. 설탕 시럽을 얼음물에 넣어서 굳는 지 확인을 했어야 했는데 우리가 하지 않았다. 그래도 해보니깐 재미있었고 만드는 과정을 빠르게 해야해서 긴장되기도 하고 힘들었다. 그리고 생각보다 시럽이 그렇게 빨리는 굳지 않았다. 엄마! 바쁘신데 저와 동생을 위해서 시간을 내주셔서 감사합니다.

    그리고 오늘은 오랜만에 아빠랑 씻는 날이었다. 아빠가 씻겨주셔서 감사했다. 나는 머리를 감고 또 세수를 했다. 나는 3학년이 되고 나서부터는 혼자 씻을 수 있게 되었다. 오늘은 오랜만에 아빠가 씻겨 주셔서 기분이 더 좋았다. 아빠는 몸에 비누칠을 해주고 바디워시를 해주셨다. 오랜만에 아빠랑 씻어서 좋았다. 씻으면서 아빠랑 이야기도 많이 하고 장난도 해서 행복했다. 오늘 하루동안 엄마와 아빠께 정말 감사하다.

도서관 직원 아저씨

박주한 (3학년)

오늘 도서관에서 한자 수업을 듣고 도서실로 갔다. 내가 종이접기 책을 찾고 있었는데 도서관 직원 아저씨께서 오셨다. "책을 찾고 있니? 무슨 책을 찾고 있니? 아저씨가 도와줄까?" 도서관 직원 아저씨께서 내가 찾고 있던 곤충 종이접기 책을 찾을 수 있도록 도와주셨다. 그때 직원 아저씨께 너무 감사했다. 그리고 우리가 책을 제 날짜에 반납을 하지 못 해서 연체가 되었는데 직원 아저씨께서 도와주셔서 또 감사하고 고마웠다. 내 눈에는 직원 아저씨가 하늘에서 내려온 천사 같았다. 그리고 우리 가족이 책 19권이나 빌리게 되었다. 집에서 독서 시간에 읽을 책들, 지한이가 좋아하는 만화책들, 내가 읽고 싶었던 종이접기 책들을 빌리다 보니 엄청 많아졌다. 엄마가 가져오신 가방에 열심히 책을 넣었는데 책이 너무 많아 다 들어가지 않았다. 우리가 어떻게 들고 갈지 고민하고 있을 때 또 다시 직원 아저씨께서 도와주셨다. "혹시 종이가방 필요하니?" 도서관 아저씨께서 큰 종이가방을 빌려주셔서 우리가 빌린 책들을 잘 넣을 수 있었다. 또 다시 도서관 아저씨께 정말 감사했다. 오늘은 정말 감사한 하루이다.

아빠의 치킨

신예윤 (5학년)

일요일 저녁 가족들과 함께 집에 있었다. 배가 출출하던 참에 갑자기 아빠가 "치킨 먹을래?" 라고 하셨다.

그 말을 들은 나는 아빠가 너무너무 고마워졌다. 하지만, 그때의 나는 배가 고프지 않았다. 저녁을 먹고 난 뒤였기 때문이다.

그래도 아빠의 선심을 버리긴 아까웠다.

"아빠! 조금 있다가 먹을께~~!"

하지만 배달이 오래 걸려서 늦은 시간에 치킨이 배달이 왔다. 드디어, 치느님이 오신 것이다. 도착한 치킨을 뜯고, 콜라는 컵에 따르고 먹을 준비를 마쳤다. 결제는 우리 아빠가 해주었다. 아빠 감사합니다!

와구 와구 치킨을 맛있게 먹고 잠에 들었다. 참 좋은 하루였다.

착한 우리 큰아빠

은하정 (2학년)

올 추석에 친척을 많이 만났다. 그중에서 이번에는 큰아빠가 제일 기억에 남는다. 왜냐하면 큰아빠께 감사한 일이 있었기 때문이다.

추석 때 큰아빠랑 고모가 우리 집에 오셨다. 그런데 큰아빠가 피자를 2판이나 사 주고 가셨다. 나는 "큰아빠, 감사합니다!!"라고 말했고 큰아빠는 "그래~ 많이 먹어라."라고 하셨다. 내가 좋아하는 피자를 2판이나 사 주셔서 정말 기뻤다. 게다가 치즈가 듬뿍 들어간 맛있는 피자여서 더더욱 좋았다. 나는 큰아빠랑 고모께서 집으로 돌아가신 후에 큰아빠가 사 주신 피자를 먹었다. 정말 맛있었고 감사했다. 다음에 만나면 또 감사하다고 말해야겠다.

랜덤 박스

박민지 (4학년)

　추석이라 친척 언니가 우리 집에 놀러 왔다. 매번 명절마다 놀러 오는 고종사촌 언니인데 올해 대학생이 된 언니다. 언니도 고양이를 좋아해서 얼마 전에 태어난 아기 고양이들을 보면서 함께 놀았다. 조금 놀다가 언니가 나를 살짝 불러서 가보니 언니 손에 선물이 있었다. 랜덤 박스 과자와 복숭아맛, 포도맛 곤약 젤리가 있었다. 내가 지난번에 갖고 싶다고 말했던 건데 기억하고 선물해줘서 너무 고마웠다.

　언니와 간식도 함께 먹고, 날씨가 좋아서 산책도 하면서 놀았다. 다음 명절에 언니가 또 놀러오겠지? 얼른 설이 되었으면 좋겠다.

10월 감사 일기

운동회

김민경 (1학년)

 운동회 때 아빠, 오빠, 이모 우리 가족이 와서 기분 좋았다. 운동회에 와준 우리 가족들에게 감사했다. 오빠가 힘이 세서 청팀이 앞서갔는데 홍팀이 다시 앞서가서 걱정이 됐다. 근데 다시 청팀이 앞서가서 좋았다. 그 때 하준이 팔에 벌이 붙었다. 그래서 예원이 아빠가 하준이 팔에 있던 벌을 용감하게 손으로 털었다. 나는 어떻게 털었을까 생각하고 진짜 놀랐다. 아빠에게 가서 "아빠 방금 전에 예원이 아빠가 하준이 팔에 별이 붙은 걸 털었어 대박이지?"라고 말했다. 근데 아빠가 "민경아 그런건 아빠도 할 수 있어"라고 말했다. 나는 "와 아빠 대단하다, 굉장한데?" 이렇게 말했더니 아빠가 "그래 고마워. 우리 예쁜 딸 아빠 칭찬해줘서"라고 얘기해줘서 기분이 좋았다.

운동회 날

박시윤 (1학년)

　오늘은 운동회 날이었다. 엄마, 아빠도 운동회를 보러 왔다. 아빠는 일이 있는데도 와주신게 너무 감사했다. 엄마랑 아빠랑 같이 운동회를 해서 더 좋았다. 엄마는 달리기를 나가고 아빠도 선물 잡기 달리기에 나갔다. "엄마 파이팅! 아빠 파이팅!"하고 응원했다. 아빠가 경기할 때 도하 아빠가 먼저 선물을 잡았는데 우리 아빠한테 던져줬다. 그래서 기뻤고 도하 아빠한테 고마웠다. 보건 선생님이 만든 떡볶이를 사 먹었는데 맛있었지만 너무 매워서 잘은 못 먹었다. 끝날 때 우리 팀이 질까봐 걱정했는데 청팀과 홍팀이 똑같은 점수가 나왔다. 그래서 너무 기뻤다. 열심히 한 우리 팀한테도 고마웠다. 운동회가 끝나고 바자회에 가서 필요한 물건을 샀다. 줄넘기를 하고 싶어서 줄넘기를 샀다. 오늘은 정말 기쁜 날이었다.

타작

박소현 (1학년)

어제 엄마, 아빠랑 같이 논에서 타작을 했다. 그동안 엄마랑 아빠가 열심히 키운 벼를 베기 위해서다. 타작은 기계로 논에 벼를 베는 것이다. 아빠는 논에서 기계로 벼를 벴다. 엄마는 뒤에서 낫으로 나머지 벼를 베어서 아빠를 도와주셨다. 나는 "아빠, 힘내라! 파이팅!" 하고 아빠를 응원했다. 우리가 밥을 먹을 수 있게 타작을 해주셔서 엄마 아빠 모두에게 고마웠다. 타작을 다 끝냈을 때 기분이 너무 좋았다. 우리 가족이 농사짓고 열심히 타작한 벼를 얼른 밥으로 만들어서 먹고 싶다.

엄마, 아빠와 함께하는 운동회

박도완 (4학년)

　10월 5일은 우리 학교 운동회다. 그동안 코로나 때문에 부모님들 없이 우리끼리만 운동회를 했었는데 이번에는 부모님들도 모두 오신다고 한다. 그런데 일이 바빠서 엄마만 올 수 있고, 아빠는 못 온다고 하셨다. 엄마, 아빠 모두 오셨으면 했는데 그 이야기를 듣고 며칠 동안은 슬펐다. 하지만 아빠도 나만큼 운동회에 오고 싶으셨던 걸까? 운동회 당일 아빠도 연차를 쓰고 오셨다. 너무 기뻤다.

　운동회에는 엄마, 아빠가 참여하는 게임이 많았다. 나는 엄마랑 함께 공 굴리기를 해서 이겼다. 개인 달리기도 내가 1등을 했는데 엄마, 아빠가 모두 칭찬을 해주셨다. 엄마, 아빠와 함께한 운동회는 너무 즐거웠다. 운동회가 끝난 후 우리는 오후 수업과 방과후 수업이 있어서

교실로 돌아가고, 엄마와 아빠만 먼저 집으로 가셔야 했는데 아빠는 집으로 가면서

"도완아, 다치지 말고 재미있게 놀아."라고 하셨다.

나와 함께 하기 위해 연차를 내고 운동회에 와준 엄마와 아빠, 늘 나를 걱정해주는 엄마와 아빠에게 감사하다는 말을 하고 싶다.

운동회와 떡볶이

은하윤 (5학년)

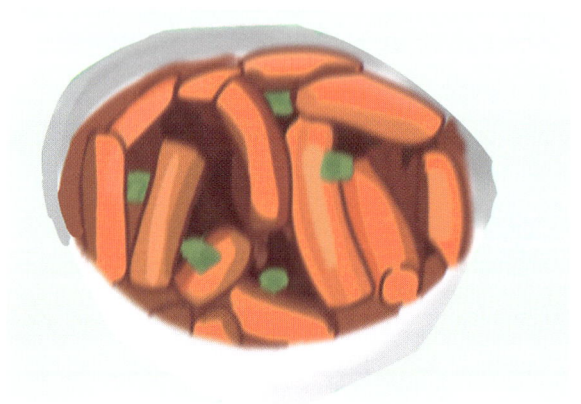

 10월 5일에 운동회가 있었는데 감사했던 일이 많이 있었다. 일단, 부모님이 운동회 때 오셔서 너무 기뻤다. 부모님이 열심히 참여해서 상품도 타시고, 다른 종목들도 먼저 나서서 참여해 주셔서 참 멋졌다. 그리고 운동회 중간 시간에 떡볶이를 먹었다. 보건 선생님을 포함해서 여러 선생님께서 만들어 주셨는데 떡볶이가 맛있고, 별로 맵지도 않아서 먹는 내내 기분이 좋았다. 특히 보건 선생님께서 떡볶이를 많이 담아주셔서 감사했다. 달리기, 계주, 줄다리기, 공굴리기 등등… 여러 종목에 참여하니 힘이 들기도 했지만 기쁜 기억이 훨씬 크다. 운동회가 끝난 뒤에는 바자회가 이어졌다. 바자회 물건은 못냈지만 나한테 필요한 물건을 많이 샀다. 비록 운동회는 동점으로 끝냈지만 4년 만에 하는 운동회라 뜻깊고 재미있었다. 또 같이 해준 친구들도 모두 열심히 참여해줘서 고마웠다. 계주의 그 박진감이 아직도 떠오른다. 재밌는 운동회였다.

드디어 운동회!

김민성 (5학년)

그동안 코로나 때문에 운동회를 계속 못했었는데 5학년이 되어 드디어 운동회를 할 수 있게 되었다. 운동회가 없었으면 학교에 가는게 재미없었을 것 같다. 그만큼 나는 운동회를 많이 기대했었다.

운동회 날 아침에 엄마가 나를 깨워주셨다. 엄마도 아침에 항상 피곤하실텐데 아침마다 깨워주셔서 감사한 마음이 든다. 안 깨우면 제시간에 못 일어나서 학교에 못갔을텐데 말이다. 운동회는 9시에 시작

이 되었고, 재미있는 경기가 많았다. 운동회 쉬는 시간에는 보건 선생님과 다른 선생님들께서 떡볶이를 만들어주셨다. 맛있게 매워서 단언컨대 정말 최고의 떡볶이였다. 쉬는 시간에 아무것도 없으면 심심했을 텐데 정말 감사했다. 기대만큼 즐거운 운동회였다. 즐거운 운동회가 될 수 있도록 애써주신 만들 분들께 진심으로 감사하다는 말을 전하고 싶다.

보름달

정예원 (1학년)

우리 가족은 할머니 집에 자주 놀러간다. 이번에는 가을에 할머니 집에 놀러갔다

이모하고 할아버지, 할머니랑 노래방에서 놀았다. 할아버지가 노래도 틀어주셨다. 나는 아이브의 After like를 불렀다. 할아버지랑 할머니랑 춤도 추고 재미있게 해주셔서 고마웠다. 또 노래방에 가고 싶다. 할머니 집에 있다가 집에 가려고 차를 타려고 했는데 보름달을 봤다. 너무너무 아름다웠다. 그래서 예쁜 보름달한테 고마웠다. 보름달한테 '우리 가족이 행복하게 해주세요.'하고 소원도 빌었다. 소원이 꼭 이루어졌으면 좋겠다.

감사한 우리 반 선생님

은하정 (2학년)

어제 체험학습으로 e월드를 다녀왔다. 재미있는 놀이기구를 타고 맛있는 간식을 먹었다. 나는 놀이기구가 무서워서 많이 못 탔다. 그래도 사고 싶은 장난감도 사고 선생님과 친구들과 밖에서 놀 수 있어서 즐거웠다. 체험학습을 잘 다녀와서 감사한 하루였다.

선생님께서 체험학습을 안전하고 즐겁게 다녀오면 학급 온도계를 올려주신다고 하셨다. 학급 온도계를 올리고 싶어서 조심히 안전하게 다녀왔다. 오늘 선생님께서 학급 온도계를 올려주셨는데 보너스로 한 개 더 올려주셨다. 우리 선생님은 참 착하시다.

"선생님, 사랑해요!!"

이월드

이승원 (3학년)

오늘은 이월드에 가는 날이다. 살짝 추우면서도 맑은 날씨였다. 날씨가 추워져서 우리반 엄마들이 새로 맞춰주신 새로운 반티를 입었다. 새 옷을 입어서 기분이 좋아졌다. 새 반티를 준비해주신 엄마들께 감사한 마음이 들었다. 아침에 일어났을 때에는 날씨가 추워져서 이불에만 있고 싶어서 오늘 재미있을지 걱정도 되었다. 도착해서 슬러쉬

도 먹고, 콜팝도 맛있게 먹었다. 그리고 신나게 놀이기구도 탔다. 아빠가 아침에 주신 용돈으로 맛있는 것도 사먹고, 장난감도 3개나 샀다. 'AK47 총, 샷건, 검' 장난감을 3개나 샀다. 용돈을 주신 아빠께 감사하다. 매운 꼬치, 레몬에이드까지 먹어서 너무 배불러서 놀이기구는 조금 덜 탔다. 오늘 안전하게 이월드를 다녀올 수 있도록 운전해주신 관광버스 기사님, 간식쿠폰, 점심 쿠폰을 준비해주신 학교 선생님들, 버스에서 함께 간식을 나눠먹었던 우리반 친구들에게 감사했다.

친절하신 우리 선생님

조수현 (2학년)

매일 매일 친절하신 우리 반 선생님께서 오늘도 친절하게 수업을 해주셨다. 우리 선생님은 내가 모르는 게 있으면 "무슨 말이냐면 ~~ 이렇게 하는거야^^ 이제 알겠어?"라고 항상 친절하게 가르쳐 주신다.

그리고 어제 체험학습으로 e월드를 다녀왔는데 안전하게 다녀오면 학급 온도계를 2칸 올려주신다고 하셨다. 그런데 선생님께서 규칙을 잘 지키며 안전하게 잘 다녀왔다고 학급 온도계를 3칸이나 올려주셨다. 선생님께서 항상 우리를 생각해주시고 친절하게 대해주셔서 정말 정말 감사하다.

아빠가 사오신 피자

배서진 (4학년)

아빠는 종종 퇴근길에 맛있는 음식을 사오신다. 그래서 두근두근 설레는 마음으로 아빠의 퇴근을 기다리기도 한다. 평소에는 치킨을 주로 사 오시는데 이날엔 특별히 피자를 사오셨다. 치즈 크러스트가 들어있는 피자였다.

평소와 다른 메뉴에 나는 "아빠, 피자 왜 사왔어?" 하고 물어봤다. 아빠는 "그냥." 이라고 말하며 웃으셨다. 이유가 없어도 나는 좋았다. 피자는 정말 맛있기 때문이다. 6살 내 동생도 맛있는지 무척 잘 먹었다. 아빠 덕분에 행복한 저녁 시간을 보냈다.

아빠한테 바로 말하지는 못했지만 늘 가족을 위해 열심히 일하는 아빠, 퇴근길에 맛있는 음식을 사오시는 아빠한테 나는 늘 감사하다.